BARACK OBAMA

a TI TE CANTO

Una carta a mis hijas

ILUSTRACIONES DE LOREN LONG

Roca *junior*

*A Michelle: su profundo amor y sentido común
han dado como fruto unas hijas maravillosas.*
—B.O.

A mis hijos, Griffith y Graham.
—L.L.

Título original: *Of Thee I Sing*

Texto copyright @ 2010 Barack Obama
Diseño de sobrecubierta e ilustraciones @ 2010 Loren Long
This translation published by arrangement with Random House
Children's Books, a division of Random House, Inc.

Primera edición: marzo 2011

© de la traducción: Roca Editorial
Traducción de Cristina Hernández Johansson
© de esta edición: Libros del Atril S.L.,
Av. Marquès de l'Argentera, 17, Pral.
08003 Barcelona
www.piruetaeditorial.com

Impreso por Brosmac S. L.
ISBN: 978-84-9918-273-5
Depósito legal: M. 9.827-2011

¿Os he dicho recientemente
lo maravillosas que sois?
¿Que el sonido de vuestros pasos
resonando en la distancia
marca el ritmo de mis días?
¿Que vuestra risa y luz iluminan la estancia?

¿Os he dicho

lo creativas que sois?

Una mujer llamada Georgia O'Keeffe
se fue a vivir al desierto y pintó pétalos, huesos, corchos.
Nos ayudó a ver la gran belleza de las pequeñas cosas:
la dureza de la piedra y la suavidad de la pluma.

¿Os he dicho que sois inteligentes?

¿Que forjáis grandes ideas con vuestra imaginación?
Un hombre llamado Albert Einstein
convirtió las imágenes de su mente
en grandes avances científicos,
y cambió el mundo con su energía y su luz.

¿Os he dicho que sois valientes?

Un hombre llamado Jackie Robinson

nos enseñó, jugando al béisbol,

a transformar el miedo en respeto,

y el respeto en amor.

Sacudía su bate con la elegancia y la fuerza de un león,

e hizo soñar, con su valentía, a otros soñadores.

¿Os he dicho que tenéis

la capacidad de sanar?

Toro Sentado era un sioux dedicado a la medicina
que curó corazones partidos y promesas rotas.
«Está bien que seamos diferentes», decía.
«Para alcanzar la paz,
no es necesario que las águilas se conviertan en cuervos.»
Aunque fue encarcelado, su espíritu sobrevoló libre las praderas,
y su sabiduría conmovió a muchas generaciones.

¿Os he dicho que tenéis

vuestra propia canción?

Una mujer llamada Billie Holiday, que lucía una gardenia
en el pelo, regaló al mundo sus preciosos *blues*.
Su voz, cargada de tristeza y alegría, apelaba de un modo
profundo a la gente, que se sumaba al coro con sus melodías.

¿Os he dicho que sois fuertes?

Una mujer llamada Helen Keller se hizo camino a través
de una larga y silenciosa oscuridad.

Aunque no podía ver ni oír,

nos enseñó a mirar y a escucharnos los unos a los otros.

Sin esperar nunca que la vida fuera más fácil,

aportó a los demás el valor para enfrentarse a sus retos.

¿Os he dicho lo importante

que es honrar el sacrificio de los demás?

Una mujer llamada Maya Lin diseñó el Monumento a los Veteranos
de Vietnam para rememorar a aquellos que perdieron su vida
en la guerra, y el Monumento Conmemorativo de los Derechos Civiles
para agradecer a todos aquellos que lucharon por la igualdad.
Los espacios públicos deberían llenarse de arte, pensaba,
para que podamos caminar a través de ellos,
recordando el pasado y hallemos inspiración para mejorar el futuro.

¿Os he dicho que tenéis

buen corazón?

Una mujer llamada Jane Addams alimentó a los pobres
y les ayudó a encontrar trabajo.
Abrió puertas y transmitió esperanza a la gente.
Educó a los adultos e invitó a los niños a jugar,
a reír y abrir sus corazones al mundo.

¿Os he dicho que no os rendís?

Cuando la violencia se adueñó de nuestra nación,
un hombre llamado Martin Luther King Jr. nos enseñó
a mostrar una compasión universal. Nos invitó a soñar
que todas las razas y creencias caminarían un día de la mano.
Se manifestó y rezó y, uno a uno, fue abriendo corazones
y vio como su sueño anidaba en nosotros.

¿Os he dicho que sois

como un explorador?

Un hombre llamado Neil Armstrong
fue el primero en caminar sobre la luna.
Observó el mundo desde muy lejos
y vimos sus saltos lunares, que nos aportaron
el suficiente valor para avanzar con paso decidido.

¿Os he dicho que sois

una fuente de inspiración?

Un hombre llamado César Chávez mostró a los agricultores
su propio poder, cuando estos creían no tener ninguno.
La gente era pobre, pero trabajaba duro y amaba la tierra.
César dirigió revueltas, rezó y habló. La gente escuchó
lo que les decía su propio corazón y se manifestó por sus derechos.
«¡Sí se puede!», dijo César. «*Yes, you can!*»

¿Os he dicho que sois miembros
de una misma familia?

Un hombre llamado Abraham Lincoln creyó que toda América debía trabajar al unísono. Mantuvo a nuestra nación unida y prometió la libertad a los hermanos y hermanas esclavos. Este hombre del pueblo, simple y llano, le pidió más a nuestra nación:

que nos comportáramos como iguales.

¿Os he dicho que debéis sentiros

orgullosas de ser americanas?

Nuestro primer presidente, George Washington,

creyó en la libertad y la justicia para todos.

Sus soldados vadearon descalzos ríos helados, sin cesar en su empeño.

Logró que una idea tomara cuerpo en una nueva nación,

fuerte y sincera, en un país de principios, un país de ciudadanos.

¿Os he dicho que los Estados Unidos
están constituidos por todo tipo de personas?

Gente de todas las razas, religiones y creencias.
Gente de la costa y de las montañas.
Gente que nos ha iluminado al compartir
su talento dándonos el valor para auparnos
los unos a los otros, para continuar luchando,
para trabajar y construir todo aquello
que nuestra nación
tiene de bueno.

¿Os he dicho que todos ellos forman parte de vosotras?
¿Os he dicho que vosotras sois uno más
entre ellos y que sois el futuro?
Y, ¿os he dicho que os quiero?

GEORGIA O'KEEFFE (1887-1986) es una de las artistas más reconocidas de Estados Unidos. Nació en Wisconsin y también vivió en la ciudad de Nueva York, cerca del lago George (Nueva York) y en México. Es famosa por sus grandes cuadros de flores y huesos de una belleza exquisita que pintó en el sudeste de Estados Unidos.

ALBERT EINSTEIN (1897-1955) nació en Alemania. En 1933 emigró a Estados Unidos y en 1940 obtuvo la ciudadanía norteamericana. Galardonado con el Premio Nobel, este apreciado físico y profesor la Universidad de Princeton es conocido por su teoría de la relatividad, que hizo famosa la ecuación: $E = mc^2$.

JACKIE ROBINSON (1919-1972) nació en una familia de aparceros en Georgia. Muy pronto destacó como atleta y, en 1947, se convirtió en el primer afroamericano que jugó en la primera liga de béisbol, ya que el deporte había estado segregado en el siglo XIX. En 1949 fue escogido como el jugador más importante de la Liga Nacional.

TORO SENTADO (aprox. 1831-1890) era un líder sioux que denunció muchas de las políticas del gobierno de los Estados Unidos y lideró a su pueblo en contra del ejército norteamericano. Es famoso por su contundente victoria sobre el teniente coronel George Armstrong Custer en la batalla de Little Bighorn, en 1876.

BILLIE HOLIDAY (1915-1959) se convirtió, tras superar una dura infancia, en una de las cantantes más destacadas de la música popular y del jazz de los Estados Unidos. Holiday es conocida por su voz conmovedora. Entre sus interpretaciones más importantes destacan *What a Little Moonlight Can Do, God Bless the Child, Summertime* y *Stormy Weather*.

HELEN KELLER (1880-1968) se quedó sorda y ciega de niña y más tarde obtuvo renombre mundial como escritora y activista. Se licenció en el Radcliffe College y alzó, incansable, su voz para defender a los discapacitados y muchas otras causas a lo largo de su vida. En 1964 recibió la Medalla Presidencial de la Libertad.

MAYA LIN (1959-) es una artista y arquitecta conocida, ante todo, por diseñar el Monumento a los Veteranos de Vietnam en Washington D. C. Ganó el concurso nacional para proyectar el monumento conmemorativo a la edad de veintiún años, cuando todavía estudiaba en la Universidad de Yale. El monumento está formado por una pared de granito con el nombre de los soldados muertos y desaparecidos. Millones de personas lo visitan cada año.

JANE ADDAMS (1860-1935) era una reformadora social que dedicó su vida a ayudar a los niños, a erradicar la pobreza y promover la paz. Hull House, el centro comunitario que fundó en Chicago, obtuvo en su día el reconocimiento internacional por su tarea de acogida de los pobres. Jane Addams fue la segunda mujer en recibir el Nobel de la Paz, en 1931.

DR. MARTIN LUTHER KING JR. (1929-1968) era un pastor baptista de Atlanta que se convirtió en un icono del movimiento pro derechos civiles. Lideró el movimiento pacífico para conseguir el cambio social, como el boicot de autobuses de Montgomery de 1955-1956 y la Marcha sobre Washington, en 1963. Asimismo, preparó el terreno para la abolición de la segregación en los Estados Unidos. Fue galardonado con el Premio Nobel de la Paz en 1964.

NEIL ARMSTRONG (1930-), aviador y astronauta, fue el primer hombre que caminó por la Luna como integrante de la misión Apolo 11, el 20 de julio de 1969. Cuando pisó la superficie lunar, pronunció la famosa frase: «Un pequeño paso para un hombre, pero un gran salto para la humanidad». Recibió la Medalla Presidencial de la Libertad ese mismo año, junto a su compañero, el también tripulante Buzz Aldrin.

CÉSAR CHÁVEZ (1927-1993) comenzó a trabajar en el campo de niño y se convirtió en el principal líder del movimiento pacífico por los derechos y la dignidad de los trabajadores agrícolas, empleando acciones como las huelgas, boicots y ayunos para alcanzar cambios sociales. Cofundó la Asociación Nacional de Trabajadores Agrícolas, que posteriormente se convirtió en la Unidad de Trabajadores Agrícolas, y consiguió reformas laborales decisivas. Fue galardonado póstumamente con la Medalla Presidencial de la Libertad en 1994.

ABRAHAM LINCOLN (1809-1865) fue el decimosexto presidente de los Estados Unidos. Ocupó su cargo durante la Guerra de Secesión —que estalló en 1861—, la vigilia de su toma de posesión, y vio cómo la nación recuperaba la unidad en 1865. En 1863 firmó la Declaración de Independencia, que permitió liberar a los esclavos de los Estados confederados, y presionó para aprobar la decimotercera enmienda, que abolía la esclavitud en los estados Unidos. Orador brillante, entre otros famosos discursos se incluye el de Gettysburg de 1863, en el que rendía homenaje a los soldados caídos durante la Guerra de Secesión. Lincoln fue asesinado por John Wilkes Booth cinco días después del final de la guerra.

GEORGE WASHINGTON (1732-1799) era un terrateniente que se convirtió en comandante en jefe del Ejército Continental durante la Guerra de Independencia norteamericana. Sirvió primero como delegado y después como presidente de la Convención Constitucional. Finalmente fue elegido, de modo unánime, como primer presidente de los recién constituidos Estados Unidos de América.